re
Poney

La chasse au trésor

VOL. 2

Traduction :
Emmanuelle Lepetit

Maquette : Nicolas Galy pour www.noook.fr
Correction : Charlotte Devals

Publié pour la première fois par Bantam Books / Random House Group Company.

Éditions du Toucan
L'Atrium
6, place Abel Gance
92100 Boulogne-Billancourt

ISBN : 9782810003099
Loi n° 49-956 du 16 juillet 1949 sur les publications destinées à la jeunesse.
Dépôt légal : août 2009 – Édition 01
Imprimé en France par Mame.

La chasse au trésor

Lola

Juliette et Rose

Clara et Caramel

Manon et Stella

Sacha et Apache

Zoé et Chipie

Henrietta et Président

Marie et Aladin

Chapitre 1

Un dernier coup de pédale, et Zoé atteignit l'entrée du haras. Ses deux frères la suivaient de près mais elle les coiffa au poteau – ou plutôt à la barrière – d'environ un demi mètre.

« J'ai gagné ! » s'écria-t-elle en sautant de sa bicyclette.

Malcolm et Henri sourirent d'un air moqueur à leur petite sœur.

« Continue comme ça et tu pourras participer au prochain triathlon avec nous ! » lui lança Henri.

Zoé secoua ses boucles brunes et lui retourna son sourire : « Merci bien, mais je préfère le saut d'obstacles et, au centre équestre de Lola, je peux en faire tous les jours. De toute façon, quelqu'un doit rester à la maison pour s'occuper de papa.

– Comme s'il avait besoin de quelqu'un pour s'occuper de lui ! »

Le père de Zoé était inspecteur de police, c'était un grand gaillard d'un mètre quatre-vingt. Elle l'adorait.

« Disons que j'aime être à ses petits soins. »

Henri fit tinter la sonnette de son vélo.

« En piste, fréro ! On va être en retard à la gym.

– Tu es sûre que tu veux rester, sœurette ? fit Malcolm en faisant un clin d'œil à sa sœur.

– Oui, monsieur. J'ai rendez-vous avec une jolie petite nana du nom de Chipie...

– Waouh, tu en as de la chance ! »

Zoé fit rouler sa bicyclette à l'intérieur de la cour. Un sourire aux lèvres, elle songeait qu'elle avait de la chance d'avoir deux grands frères aussi géniaux. Malgré leur allure de dur à cuire, ils étaient toujours gentils avec elle. Et ce qu'elle appréciait chez eux, c'est qu'ils l'encourageaient à n'avoir jamais peur de rien !

Zoé sursauta en entendant une voix lui susurrer à l'oreille :
« Zoé est dans les nuages ? »

C'était Manon, une de ses camarades du haras.

« J'étais juste en train de penser à mes frères.

– Toutes les filles ici pensent à tes frères ! » pouffa Manon.

Les deux filles coururent jusqu'aux écuries, où leurs copines Juliette, Sacha et Clara étaient en train de harnacher leur poney. Aujourd'hui, avait lieu leur leçon d'équitation hebdomadaire avec Lola, la propriétaire des écuries. C'était leur moment préféré de la semaine !

Zoé pénétra sur la piste ronde de la carrière, montée sur Chipie, une jolie pur-sang arabe à robe alezane. Elle attendait toujours ce moment avec impatience et pourtant, dès qu'elle entrait sur la piste, son estomac se contractait, sa respiration s'accélérait et son cœur se mettait à battre aussi fort qu'un tambour ! Chipie était encore plus excitée qu'elle. Dès qu'elle apercevait les obstacles, la ponette jetait la tête en arrière et hennissait joyeusement.

Zoé concentra son attention sur le croisillon (un obstacle à deux barres croisées) qui se dressait devant elle. Des cinq amies, c'était elle la meilleure cavalière et la plus intrépide au saut d'obstacles. Elle faisait un duo parfait avec la fougueuse Chipie, qui adorait sauter.

La ponette prit son élan et s'éleva bien au-dessus de l'obstacle d'un bond impeccable.

Sacha, qui les observait sur le côté, les acclama bruyamment : « Waouh ! Impressionnant ! Bravo Zoé ! »

Debout au centre de la carrière, Lola leur fit un grand sourire. Avec sa taille fine, sa lourde chevelure brune, sa peau hâlée et ses incroyables yeux gris argentés, leur professeur était la preuve vivante que l'on pouvait être à la fois une jolie femme et une brillante cavalière.

À peine un an auparavant, alors que les filles étaient encore de nouvelles écuyères au haras, Lola s'était qualifiée au prestigieux concours complet de Badminton avec Jessie, sa jument de

cross, une fabuleuse pur-sang irlandaise.

Zoé et ses amies étaient toutes en extase devant Lola ! Les filles lui prêtaient volontiers main forte pour entretenir les écuries.

En échange de leur travail, Lola leur donnait une leçon d'équitation gratuite chaque semaine.

Mais elle leur avait aussi confié quelque chose d'encore plus précieux : chacune avait reçu la responsabilité de son poney préféré.

Le jour où Lola avait dit à Zoé : « J'aimerais que ce soit toi qui t'occupes de Chipie » fut le plus beau jour de sa vie. Les yeux sombres de la fillette se remplirent aussitôt de larmes. Avec son museau doux comme le velours et sa soyeuse crinière noisette, Chipie avait toujours été sa favorite.

Lola avait souri en voyant son visage ému.

« Tu sais, il va falloir travailler dur, l'avait-elle avertie. Tu devras récurer son box, changer sa litière, nettoyer sa selle, la panser, la nourrir.

– Compte sur moi, Lola. J'adore prendre soin de Chipie ! »

Chacune des amies de Zoé avait aussi reçu la charge d'un poney. L'impétueuse Juliette, la meneuse du groupe, s'occupait de Rose, une charmante ponette grise connemara dotée d'une superbe crinière argentée. Manon, la plus intelligente de leur groupe et celle qui comprenait le mieux les poneys, avait hérité de la douce Stella, une ponette highland à la robe noire griffée de blanc. Sacha, véritable boute-en-train, était responsable d'Apache, un turbulent poney de cross new-forest dont elle était complètement folle. Quant à Clara, qui était la plus jeune et la plus timide des filles, elle prenait soin du robuste petit Caramel, un gallois à robe dorée palomino doté d'une douce crinière couleur crème.

Aucune n'aurait jamais pu s'offrir un poney car leurs familles n'étaient pas très riches. C'est pourquoi la responsabilité que leur avait confiée Lola était pour elles comme un rêve devenu réalité.

Zoé raccourcit ses rênes et trotta jusqu'à l'obstacle suivant, un oxer carré (deux barres parallèles). Chipie s'éleva droit au-dessus de l'obstacle avant d'atterrir en douceur de l'autre côté. Zoé boucla son parcours sans une faute, au petit galop, devant les yeux admiratifs de ses amies.

« C'était parfait », la félicita Lola. Puis elle se tourna vers Juliette : « Allez, c'est ton tour ! »

Juliette tapota gentiment l'encolure de sa jolie Rose, puis s'élança au galop sur la piste. Lola l'observait d'un œil vigilant :

« Attention à ta position, Juliette. Pousse bien sur tes hanches ! »

Juliette sentit les muscles de ses hanches s'étirer tandis qu'elle se calait plus profondément dans sa selle, puis elle pressa ses talons contre les flancs de Rose. Et tandis que la ponette se rapprochait doucement du croisillon, elle se pencha vers l'avant jusqu'à faire basculer tout le poids de son corps sur ses cuisses et ses genoux. À ce moment-là, Rose décolla au-dessus de l'obstacle, puis atterrit en douceur de l'autre côté.

« Génial ! » claironna Juliette, et elle fit alors une erreur idiote : elle se retourna pour regarder l'obstacle derrière elle.

« Ne regarde pas en arrière ! intervint aussitôt Lola. Regarde toujours vers l'avant, droit entre les oreilles de Rose ! »

Mais il était trop tard. En se retournant, Juliette avait perdu un temps précieux et elle n'arriva pas à rassembler l'attention de Rose assez vite pour l'obstacle suivant. La ponette fit chuter la première barre de l'oxer et, effrayée par le bruit,

fit un écart et tenta de filer au galop. Juliette resserra ses rênes et, tout en caressant la soyeuse crinière de Rose, elle l'apaisa par de douces paroles. Juliette put ainsi terminer son parcours sans autre incident.

Dès qu'elle s'arrêta, Lola vint lui parler : « À chaque fois que tu regardes derrière toi, tu casses ton élan pour l'obstacle suivant. »

Juliette était déçue. Elle regarda par terre et grommela : « Désolée ! C'était idiot de ma part - en plus, je sais que Rose n'aime pas ça.

– Ne t'inquiète pas. Tu perdras ce mauvais réflexe petit à petit, en prenant confiance en toi. »

Puis elle se tourna vers Sacha, qui luttait pour empêcher Apache de filer au galop.

« Bon, il est temps que ce soit ton tour ! »

Sacha relâcha aussitôt la pression sur ses rênes et Apache se précipita à toute vitesse sur la piste, vers le premier obstacle.

« Ralentis Sacha ! » lui cria Lola.

Mais Apache était si excité qu'il s'était déjà jeté de lui-même sur le croisillon. Il réussit à le sauter maladroitement, mais Sacha faillit vider sa selle. Lola fronça les sourcils en voyant le poney et sa cavalière, qui s'accrochait désespérément à ses rênes, foncer vers l'obstacle suivant.

« Reprends le contrôle, Sacha ! Diminue la cadence ! »

Sacha tenta de raccourcir ses rênes, mais il n'y avait plus moyen de retenir Apache. Il fonça au grand galop vers l'obstacle, puis réalisant qu'il s'était avancé trop près et ne pourrait le sauter, il stoppa net ! Heureusement, Sacha ne culbuta pas vers l'avant, mais se laissa glisser sur le côté. Elle se reçut sur un petit tas de foin, aux pieds d'Apache, et se redressa tout de suite pour le saisir par la bride avant qu'il ne la piétine.

« J'ai fait n'importe quoi ! gloussa-t-elle.

– Apache a un sacré tempérament. Pour le contrôler, tu dois anticiper sur chacun de ses mouvements, lui dit Lola en hochant la tête.

– À présent, on va faire les choses bien ! » ordonna Sacha à son turbulent poney tout en remontant en selle.

Apache fut visiblement sensible au ton plus ferme de sa voix, car il fit ce qu'elle lui demanda. Sacha se cala bien au fond de sa selle et raccourcit sa rêne extérieure. Puis, elle tourna Apache vers le troisième obstacle, qu'il sauta sans problème.

« Voilà ! la félicita Lola. C'est beaucoup mieux ! »

Après Sacha, vint le tour de Manon. Elle trotta sur la piste, avec Stella. La fillette et sa ponette formaient un couple parfait. Elles n'étaient peut-être pas aussi fougueuses et surprenantes que Zoé et Chipie, ni aussi drôles et sauvages que Sacha et Apache, mais elles étaient en parfaite harmonie. Elles sautèrent, obstacle après obstacle, d'un seul élan et bouclèrent leur parcours sans une faute ni une hésitation.

« Excellent travail ! » annonça Lola. Elle se tourna alors vers Clara, qui était la dernière à devoir sauter. « C'est ton tour, ma puce ! »

Clara agrippa ses rênes et les serra si fort que ses mains blanchirent. Mais Caramel, lui, ne semblait pas du tout inquiet. Ses naseaux frémissaient joyeusement et il tapa le sol de son sabot en signe d'impatience.

Lola tenta de rassurer Clara : « Tu n'as pas de souci à te faire. Caramel pourrait faire ce parcours les yeux fermés. »

Clara prit une grande inspiration et pressa ses talons sur les flancs du poney.

Caramel s'élança aussitôt d'un trot vif et sauta tous les obstacles sans difficultés. Clara le récompensa en le laissant galoper un peu autour de la carrière. Un sourire de fierté illuminait son visage.

« Je n'ai rien fait du tout !

– Tu es restée sur ta selle, c'est déjà pas mal ! » rigola Sacha.

C'était la fin de la leçon. Le regard de Lola s'attarda sur les fillettes et leur poney, alignés devant elle.

« Bravo les filles, vous vous débrouillez de mieux en mieux, leur annonça-t-elle. Mais j'aimerais vous sortir un peu plus de l'école. Les poneys sont trop habitués à la carrière, ce sont eux qui vous mènent plus que vous ne les menez. J'ai envie de vous confronter à de nouveaux défis !

– Tu ne vas pas nous demander de participer au concours du Grand National, j'espère ! » gloussa Sacha.

Lola secoua la tête, puis lâcha la nouvelle : « J'aimerais que vous participiez toutes à la chasse au trésor de Caldecot samedi prochain. C'est un événement caritatif qui sert à lever des fonds en faveur de l'orphelinat de Saint-Julien. »

Les cinq amies restèrent bouche bée. Ce fut Zoé qui retrouva sa voix la première : « C'est une idée géniale ! »

Mais les autres ne semblaient pas enthousiastes.

« Samedi, c'est après-demain, ça va venir vite...

– Exact, répondit Lola. Mais ce n'est pas un problème. Vous pouvez remplir les formulaires d'inscription cet après-midi et je les déposerai à Caldecot ce soir. Tout sera prêt pour samedi.

– Mais... on a du travail au haras le samedi matin, remarqua Juliette.

– La chasse ne débutera pas avant 14 h » précisa Lola. Puis voyant combien les filles semblaient peu rassurées, elle ajouta : « Ne vous inquiétez pas, ce sera juste une jolie petite balade de 3 kilomètres. Je suis bien placée pour le savoir, je serai l'une des hôtesses de l'événement et je suis allée repérer le terrain la semaine dernière.

– Je croyais qu'il fallait être une cavalière vraiment douée pour participer à une chasse au trésor ? demanda Clara, en se mordillant nerveusement les ongles.

– Pas du tout, sourit Lola. Tu auras une coéquipière avec toi. Il vous suffira de suivre les indices et tout ira bien. »

Chapitre 2

Les cinq amies passèrent chercher leur formulaire d'adhésion au secrétariat du haras puis allèrent s'asseoir autour de la grande table en chêne de la sellerie pour les compléter. Elles étaient en train d'écrire leur nom et adresse, quand Marie entra dans la pièce pour chercher sa boîte de pansage. Elle ne faisait pas partie de leur groupe, car c'était une cliente du haras. Elle possédait son propre poney, un magnifique sauteur d'obstacles à robe bai foncé appelé Aladin, qui était en pension au haras. Mais Marie n'était pas aussi snob que les autres riches clientes du centre. Elle était gentille et les cinq petites palefrenières de Lola l'appréciaient vraiment.

Zoé leva la tête de son formulaire et fit un sourire à Marie :

« Salut ! Est-ce que tu participes à la chasse au trésor de Caldecot samedi ?

– Je devais y aller avec une amie, mais elle a la grippe, alors je n'ai plus de coéquipière.

– À la place, tu pourrais prendre Henrietta Nez-En-l'Air comme partenaire ! » lança Juliette d'un ton taquin.

Elle voulait parler d'Henrietta Reece-Thomas, la plus pimbêche des clientes du haras.

Marie éclata de rire : « Non merci ! Je n'ai pas envie de me faire aboyer dessus pendant toute la course par cette petite peste. De toute façon, elle est déjà avec Camille Dubeaupré. »

Camille était, elle aussi, une riche cliente du centre, elle avait son poney en pension aux écuries.

Sacha, qui avait un vrai talent d'imitatrice, prit aussitôt la voix de Camille et s'écria :

« Oh, là, là ! Cet événement promet d'être somptueux ! »

Toutes les filles se mirent à rigoler. Ce fut le moment que choisit Henrietta Reece-Thomas pour pénétrer dans la sellerie.

« Qui est chargé de nettoyer l'équipement de Président cette semaine ? » aboya-t-elle.

Chaque semaine, les cinq filles se relayaient pour prendre soin des poneys en pension aux écuries. Cette semaine, c'était au tour de Zoé et de Clara de s'occuper de Président et de Cléopâtre, les poneys respectifs d'Henrietta et de Camille. Président était un superbe appaloosa gris tacheté que les parents d'Henrietta avaient fait venir en bateau depuis les États-Unis. Ils lui avaient offert comme cadeau d'anniversaire. Quant à Cléopâtre, c'était une jument de course arabe, de la race des champions, mais très fougueuse, qui terrifiait Clara jusqu'à la moelle !

Zoé se mit debout devant Henrietta. Celle-ci la dépassait d'une bonne tête mais Zoé n'avait peur de personne. C'était une vraie dure à cuire !

« J'ai nettoyé toutes les affaires de Président hier soir, dit-elle, les dents serrées. Ça te pose un problème ?

– Tu as oublié sa bride. Elle était sale quand je l'ai prise ce matin ! » siffla Henrietta avec rage.

Les yeux sombres de Zoé étincelèrent.

« Je l'ai astiquée jusqu'à la faire reluire.

– Ah ouais ? Dans ce cas, tu ferais mieux de t'acheter une paire de lunettes ! » la railla Henrietta.

Zoé serra les poings et marcha droit vers la rangée de crochets où étaient pendues les brides des poneys du haras. Elle les passa rapidement en revue jusqu'à arriver au crochet où était gravé le nom de Président. Elle s'empara de la bride nette et luisante et se dirigea à pas lourds vers Henrietta.

« Voici la bride de Président. Tu as dû te tromper de bride ce matin. Je pense que c'est surtout toi qui as besoin de lunettes ! »

Henrietta prit un air indigné et se rua hors de la sellerie, en faisant claquer la porte derrière elle. Clara regarda Zoé d'un air admiratif.

« Si seulement je pouvais être aussi courageuse que toi ! dit-elle dans un soupir.

– Si tu avais deux frères comme les miens, tu n'aurais pas trop le choix ! » sourit Zoé.

La sensible Manon, qui savait combien Henrietta pouvait être méchante, prit un air pensif.

« Elle va sans doute aller voir Lola et lui raconter que nous sommes toutes des bonnes à rien et des paresseuses ! »

Juliette enroula une de ses mèches de cheveux autour de ses doigts.

« Ne t'inquiète pas. Lola n'est pas du genre à se laisser berner par Henrietta Nez-En-l'Air ! »

Marie hocha la tête, pensive elle aussi, puis elle prit sa boîte de pansage et se dirigea vers la porte.

« À tout à l'heure les filles ! dit-elle d'une voix morne.

– Attends une minute, Marie. Ça te dirait de participer à la chasse au trésor avec nous ? »

Le visage de Marie se fendit d'un grand sourire et retrouva sa gaieté : « Oh ouiiiiii ! »

Zoé s'empara d'un bout de papier et d'un stylo.

« Dans ce cas, on est six, donc on peut constituer trois équipes de deux, dit-elle en se mettant à griffonner la liste de leur nom sur le papier. Je propose que Juliette se mette avec Manon, Marie avec Sacha, et Clara avec moi. Qu'en dites-vous ?

– Euh... Je suis bien trop nulle pour faire équipe avec toi, Zoé ! » balbutia Clara en rougissant.

Zoé leva la tête et regarda la timide Clara droit dans les yeux : « Tu te trompes. Caramel et toi, vous êtes non seulement des as, mais, en plus, vous êtes rigoureux. Vous allez nous aider, Chipie et moi, à ne pas faire trop de bêtises ! »

Le lendemain, les filles se démenèrent pour se trouver autant de parrains que possible pour la chasse au trésor.

« Encore heureux que ce sont les vacances ! confia Zoé à Manon. Sinon, on n'aurait jamais eu le temps de s'organiser. »

Zoé rinçait au jet d'eau les brins de paille sur les pavés de la cour et les poussait vers Manon qui, armée d'un balai, les rassemblait sur le tas de fumier. Elles étaient si concentrées sur leur travail qu'elles ne virent pas l'imposant 4x4 gris

qui venait de pénétrer dans la cour. Elles ne se rendirent compte de sa présence que lorsqu'il s'arrêta brutalement devant elles en faisant crisser ses freins. La porte du conducteur s'ouvrit à la volée. Zoé bondit en arrière et éclaboussa la voiture par mégarde avec son jet d'eau.

« Baisse ce machin ! » tonna le conducteur qui n'était autre que M. Reece-Thomas, le père d'Henrietta.

Surprise, Zoé lâcha le tuyau. Résultat : les chaussures en daim de M. Reece-Thomas furent, elles aussi, éclaboussées !

« Espèce de gourde ! Ces chaussures valent plus de 500 euros ! »

Zoé était trop choquée pour pouvoir articuler le moindre mot. Heureusement, Lola avait entendu l'altercation et elle vint aussitôt à sa rescousse.

« Que diable se passe-t-il encore ? demanda-t-elle en avançant d'un pas décidé vers M. Reece-Thomas, dont le visage était devenu rouge comme une betterave cuite !

–Votre petite sotte de palefrenière a éclaboussé ma voiture et a eu le culot d'inonder mes chaussures qui sont très fragiles.

– Je ne l'ai pas fait exprès, balbutia Zoé qui avait retrouvé sa langue.Vous avez failli me rouler dessus, alors j'ai eu peur. »

Lola, qui avait l'habitude des perpétuelles histoires créées par M. Reece-Thomas et sa peste de fille, garda son sang-froid.

« Lorsque la cour est en train d'être nettoyée, il vaut mieux prendre l'entrée de derrière. Il y a une pancarte accrochée sur le portail principal qui rappelle tout cela très clairement.

– Oui, ajouta Henrietta dont la tête apparut par la vitre baissée du siège arrière du 4x4. Mais prendre l'entrée arrière, c'est plus long et il se trouve que nous sommes pressés.

– Ah oui ? Et pourquoi êtes-vous si pressés ? demanda Lola d'un ton glacial.

– Je dois m'entraîner pour la chasse au trésor avec Camille. »

Zoé retint son souffle. Quiconque connaissait un tant soit peu Lola pouvait deviner, à l'expression de son visage qu'elle était furieuse.

« Tout le monde ici s'entraîne pour la chasse au trésor, Henrietta. Ce n'est pas une raison pour ne plus respecter le règlement. Donc, si vous le voulez bien, vous allez maintenant reculer et prendre l'entrée arrière... comme tout le monde ! »

Le grassouillet M. Reece-Thomas remonta tant bien que mal dans sa voiture. Henrietta se renfonça dans son siège, l'air grognon, et tandis que la voiture s'éloignait, tout le monde l'entendit piailler : « C'est pas juste, papa ! »

Chapitre 3

Lorsque la cour fut complètement nettoyée, Lola annonça à Zoé et à ses amies qu'elle avait caché des indices ici dans l'école. À elles de les découvrir tout en continuant leur travail.

« Ça vous servira d'entraînement pour demain ! » ajouta Lola avec un clin d'œil.

Zoé trouva le premier indice alors qu'elle était en train de panser Chipie. Lola avait punaisé un petit bout de papier à la porte de son box. Clara, qui pansait Caramel dans le box voisin, aperçut le papier en même temps.

« Qu'est-ce que c'est que ça ?

– Ça doit être l'un des indices, se précipita Zoé.

– Trop drôle ! Qu'est-ce qu'il y a écrit dessus ?

– L'endroit où Apache a mordu Chipie.

– Tu dois savoir où c'est ! » rigola Clara.

Zoé hocha la tête et sortit en courant des écuries, suivie de près par Clara. Les deux fillettes passèrent en courant devant Manon et Juliette, qui pansaient Rose et Stella.

« Qu'est-ce que vous faites ? leur lança Juliette.

– Occupe-toi de tes oignons, commère ! » rétorqua Zoé sans se retourner.

Juliette et Manon ne tardèrent pas à trouver leur indice à elles, caché à l'intérieur de la boîte de pansage de Manon.

« Quelle sorte de nœud doit-on utiliser pour nouer un filet à foin ? lut Manon à haute voix.

– Un nœud coulant !

– Mais ça ne nous dit rien sur l'endroit où le trésor est caché.

– Je parie qu'il est caché à côté des filets à foin. »

Elles coururent vers les filets à foin suspendus à l'extérieur des boxes et Juliette repéra deux paquets de bonbons dans le filet d'Apache.

« On a eu de la chance de les trouver avant Apache ! » s'esclaffa Manon.

Sacha et Marie, quant à elles, trouvèrent le troisième indice dans la sellerie : il était accroché à l'une des brides suspendues aux crochets.

Marie lut à haute voix : « Combien de doigts faut-il laisser entre le museau d'un poney et sa muserolle ? »

Sacha passa une main dans ses cheveux roux.

« Ah ! Je le sais ! Je l'ai sur le bout de la langue ! Lola me l'a expliqué des dizaines de fois !

– Deux ! annonça Marie avec un grand sourire.

– Je le savais ! s'écria Sacha, puis elle fronça les sourcils. Mais maintenant on doit trouver l'endroit où Lola a caché le trésor ! »

Marie montra du doigt la rangée de muserolles alignées le long du mur, à côté de la porte. Sacha

frappa dans ses mains en éclatant de rire.
Comme elles s'y attendaient, elles découvrirent deux paquets de chips coincés sous les muserolles. Sacha commença à grignoter ses chips :

« Tu sais quoi ? Je pourrais jouer à ce jeu toute ma vie ! » confia-t-elle à Marie.

Pendant ce temps, Zoé et Clara étaient occupées à inspecter la carrière intérieure du haras, en quête de leur trésor.

« Je n'arrive plus à me souvenir de l'endroit exact où Apache a mordu Chipie. Est-ce que c'était à côté de l'oxer ou à côté du croisillon ? » réfléchissait Zoé.

Soudain, Clara laissa échapper un cri perçant : « Viens voir ! »

Zoé la rejoignit d'un bond au pied de l'oxer où Lola avait dissimulé deux barres chocolatées. Les filles s'en emparèrent et arrachèrent le papier d'emballage. Zoé croqua dans sa barre et annonça en souriant, les dents pleines de chocolat :

« C'est ce que j'appelle un vrai trésor ! »

Quelques minutes plus tard, Lola retrouva ses élèves, réunies dans la sellerie, en grande conversation. Toutes parlaient des indices qu'elles avaient trouvés en rigolant. Zoé ne tenait plus en place, elle sautillait et s'agitait dans tous les sens.

« Je ne vais jamais pouvoir attendre jusqu'à demain ! » s'écria-t-elle, tout excitée.

Lola sourit en voyant la joie rayonner sur le visage des fillettes.

« Je vous l'avais bien dit, c'est super les chasses au trésor. Je savais que vous adoreriez ça ! Demain, faites juste attention à bien rester avec votre coéquipière et surveillez vos poneys. Je suis sûre que vous allez vous amuser comme des folles ! »

Chapitre 4

Le lendemain matin, jour de la chasse au trésor, le temps était humide et venteux. Zoé allait partir quand son père la prit dans ses bras et lui fit un câlin.

« Bonne chance à toi, ma chérie ! Et crois-en mon expérience : l'essentiel est de bien lire les indices. C'est ce que j'ai appris au fil des années en faisant mon métier. »

Zoé était fière qu'il soit inspecteur de police.

« Merci de ton conseil, papa. Mais j'espère que mes indices à moi seront un peu plus faciles à résoudre que ceux que tu trouves sur les scènes de crimes ! »

Son père éclata de rire et lui ébouriffa tendrement les cheveux.

La tête de son frère, Henri, émergea par-dessus le canapé : « Et ne galope pas trop vite, lui rappela-t-il. Il a plu une bonne partie de la nuit et le sol est tout glissant.

– D'accord, d'accord... tu t'inquiètes pour rien, répondit Zoé. Et d'ailleurs, tu ne m'as même pas encore parrainé. Papa et Malcolm l'ont fait, eux ! Tu sais, c'est pour la bonne cause !

– Bah, il suffit que tu me donnes le formulaire à remplir, dit Henri. Euh... combien t'a donné Malcolm ? Moi, je vais te donner plus !

– Mais qu'est-ce que j'ai fait pour avoir des enfants aussi compétitifs ? soupira leur père, en souriant.

– Je ne suis pas compétitif, je suis juste généreux, reprit Henri, en rendant son formulaire à Zoé. Ça va, j'ai tout rempli comme il faut ?

– Ça va, ça va... » soupira-t-elle avant de s'emparer de son manteau et de sortir.

Au haras de Lola, comme tous les samedis matins, c'était l'effervescence. En arrivant, les cinq amies commencèrent par sortir les poneys et par les attacher le long du mur à l'extérieur de leur box. Ils se jetèrent joyeusement sur leurs croquettes et leur seau d'eau fraîche.

Tout en faisant le ménage, les filles s'interpellaient et bavardaient d'un box à l'autre. Zoé parlait à Clara, qui était occupée à balayer la paille du box voisin.

« J'espère vraiment que Chipie ne va pas essayer de se faire remarquer pendant la chasse au trésor ! Ce serait embarrassant si elle se mettait à courir plus vite que tous les autres poneys. »

La poussière du foin soulevée par la brosse fit éternuer Clara :

« Mais je ne comprends pas ! Je croyais que le but c'était d'aller aussi vite que possible pour arriver en premier et gagner ?

– Si on va trop vite, tous les poneys vont s'exciter et commencer à désobéir à leur cavalier. Cela risque d'être dangereux ! »

Un peu plus loin, Juliette et Manon chargeaient la litière sale sur une brouette.

« Espérons que le dernier cours finisse à l'heure pour une fois ! confia Juliette à son amie. Comme ça, on pourra partir tout de suite après.

– Je te conseille de manger avant de partir, sinon tu mourras de faim avant même d'arriver à Caldecot ! »

Sacha, qui suivait leur conversation, intervint :

« Arrêtez de stresser ! Nous ne sommes qu'à un kilomètre de Caldecot : il suffit de descendre la route pour y arriver. On y sera en un clin d'œil ! »

Juliette leva la tête et sourit à Sacha, dont les cheveux roux étaient couverts de brins de paille.

« Wouah, très chic madame... vous ressemblez à un épouvantail ! » dit-elle, taquine.

Sacha pouffa et passa ses deux mains dans sa tignasse de garçonne : « Mes doigts ont glissé quand j'ai essayé de nouer le filet à foin d'Apache et toute la paille m'est tombée dessus ! »

Cette semaine, c'était au tour de Zoé et de Clara de s'occuper des poneys en pension au haras. Dès qu'elles en eurent fini avec Chipie et Caramel, elles se précipitèrent vers les boxes de Président et de Cléopâtre.

« Vite, on va essayer de les préparer avant que Camille et Henrietta ne débarquent et trouvent un truc à nous reprocher ! » lança Zoé.

Clara hocha vigoureusement la tête : moins elle avait affaire à Henrietta, mieux elle se portait. Président poussa un hennissement quand il entendit les deux fillettes approcher.

« Toi, tu es un amour ! lui chuchota Zoé en ouvrant la porte de son box. Henrietta ne te mérite vraiment pas ! »

Le bel appaloosa se mit aussitôt à jouer avec elle, en lui tapant gentiment le ventre de son museau.

« Je sais que tu as faim, bonhomme ! » continua Zoé, en lui tendant un bonbon à la menthe.

Pendant que Président croquait le bonbon, elle attacha une longe à son licol, puis l'attira à l'extérieur de son box pour qu'il puisse prendre son petit déjeuner en plein air.

Clara se mit en devoir de nettoyer le box de Président, et Zoé se dirigea alors vers la ponette de Camille, Cléopâtre. Quand elle ouvrit la porte du box, celle-ci l'accueillit en secouant la tête et en roulant les yeux. Mais l'intrépide Zoé marcha droit vers elle et se mit à flatter son épaisse toison.

« Du calme, mon bébé, personne ne va te faire de mal », lui murmura-t-elle en la tirant doucement vers l'extérieur.

Clara et Zoé étaient en plein nettoyage lorsque Henrietta fit son arrivée, suivie comme à son habitude de son père. Zoé fit une grimace discrète, et Clara émit un rire nerveux.

« Tu vas voir, les ennuis vont commencer ! »

Henrietta entra comme une tornade dans le box de Président et siffla :

« Je vois que Président n'a même pas encore été brossé ! »

Zoé soutint le regard d'Henrietta.

« Président est en train de manger. Donc j'ai préféré nettoyer sa litière d'abord, et je le panserai quand il aura fini.

– Eh bien... j'espère que cela ne te prendra pas toute la matinée ! Camille et moi devons être arrivées à Caldecot avant midi, assena Henrietta.

– Pourquoi es-tu si pressée ? La chasse au trésor ne commence qu'à deux heures !

– Puisque tu tiens à le savoir, nous avons rendez-vous pour déjeuner à 12 h 30. Papa et maman nous rejoindrons à Caldecot avec un pique-nique qu'ils ont réservé chez le traiteur et je ne veux pas boire mon potage froid ! »

Zoé esquissa un sourire silencieux, tout en continuant à charrier le foin à la fourche pour préparer une litière bien mœlleuse pour Président. Ses amies et elle devraient sans doute se contenter d'un sandwich pour déjeuner, et encore... si elles en avaient le temps ! Zoé se demandait parfois si Henrietta vivait bien sur la même planète qu'elle...

Chapitre 5

Les leçons d'équitation du samedi débutaient à 9 heures et s'achevaient à midi, mais aucun élève ne partait dès la fin des cours. Tous s'éternisaient au haras pour dire au revoir à leur poney préféré. Bill et Ben, deux turbulents jumeaux âgés de 6 ans, devaient toujours être traînés de force par leur père hors des écuries !

« Je veux rester vivre ici ! » s'époumonait Bill, en se débattant pour échapper à l'étreinte de son père, qui pourtant le tenait fermement.

Juliette, qui avait un petit frère du même âge, savait comment s'y prendre avec les jumeaux.

« Où aimerais-tu vivre, Bill ? demanda-t-elle en s'approchant du petit garçon en larmes.

– Dans le box de Fripon ! »

Fripon était un robuste petit shetland qui, depuis 18 ans, vivait au grand air dans le pré.

« Mais Fripon n'a pas de box, Bill ! s'exclama Juliette. Il a juste un petit toit pour s'abriter au milieu du pré. Tu es sûr que tu aimerais vivre dehors, comme lui ? »

Bill secoua la tête et se mit à rigoler : « Non ! Et je n'aimerais pas manger de l'herbe non plus ! »

Lorsque le portail du centre se referma enfin sur le dernier petit cavalier, les filles coururent à la sellerie pour avaler un morceau et se préparer.

Sacha prit une grosse bouchée de son sandwich et demanda : « Ech qu'i a pleu ffoi ? »

Manon, qui n'avait rien compris, s'étonna : « Tu veux du foie ?! »

Toutes les autres filles se tordirent de rire.

« Sacha voulait savoir s'il allait pleuvoir ! lui expliqua Juliette.

– Il bruine un peu. Mais ça va s'éclaircir. »

Après avoir englouti leur sandwich à la va-vite, les fillettes retournèrent aux écuries pour panser et harnacher leur poney. Elles y trouvèrent Marie qui était en train de curer les sabots de Chipie.

« J'essaye de me rendre utile ! dit-elle en se redressant. Comme vous tardiez, j'ai eu le temps de faire ceux de tous les autres poneys.

– Merci, Marie, tu es un trésor. C'était la panique ce matin ! » répondit Zoé.

Les poneys, sentant l'excitation des fillettes, commencèrent aussitôt à vouloir jouer. Apache tenta sa blague favorite sur Rose : il se mit à lui mordiller les fesses. La ponette poussa un hennissement strident et tenta de répliquer par une ruade arrière.

« Ça suffit, Apache ! » gronda Sacha.

Lorsque Zoé resserra la sangle de Chipie, celle-ci se mit à souffler avec impatience.

« Du calme, mademoiselle ! la tança Zoé. Tu ne partiras pas d'ici avant d'être sellée et harnachée comme il le faut ! »

Finalement, les amies coiffèrent leur bombe d'écuyère et se hissèrent en selle. Lola passa au même moment dans la cour à bord de sa vieille Jeep. Elle aussi était sur le départ.

« Je viens juste d'écouter le bulletin météo. Il paraît que la pluie va bientôt s'arrêter !

– J'espère bien, parce que j'ai oublié mon parapluie ! » plaisanta Sacha.

Pour aller à Caldecot, il fallait longer la grand-route. Les poneys se comportèrent parfaitement et les filles eurent de la chance car les automobilistes ralentirent à leur passage et se déportèrent pour les laisser passer. Le pire, sur la route, c'était quand

un chauffeur klaxonnait en les dépassant à toute vitesse, ce qui ne manquait jamais d'effrayer les poneys. Mais cela ne se produisit pas. Lorsque les six fillettes arrivèrent à Caldecot, le ciel commençait à s'éclaircir, mais le sol était encore trempé.

Une hôtesse vint aussitôt à leur rencontre.

« Salut les filles ! Vous trouverez des brassards et des cartes du parcours à l'accueil » dit-elle en montrant une tente au milieu d'un pré boueux.

Les fillettes attachèrent leur poney à une barrière et fixèrent chacune leur brassard au dos

de leur veste. Puis elles partirent à pied explorer le terrain. Le parcours était jonché d'obstacles variés : bottes de foin, pneus, tonneaux renversés... Il y avait aussi des fossés, des rondins de bois et des troncs d'arbre à franchir.

Les yeux de Zoé brillaient d'impatience.

« Chipie va pouvoir s'en donner à cœur joie ! »

Clara ne semblait pas partager son enthousiasme.

« On devra vraiment sauter tout ça ?

– T'inquiète. Tu peux sauter les obstacles si tu as envie, ou bien juste les contourner, lui expliqua Manon en lui tapotant l'épaule.

– Ouf ! Je préfère ça », soupira Clara.

Marie lui montra les hôtes et les hôtesses, qui portaient tous un bandeau rouge en travers de la poitrine.

« Regarde : ces gens sont aussi là pour nous aider et veiller au grain. Il n'y a rien à craindre.

– Cette chasse au trésor semble très bien organisée ! » opina Clara qui semblait définitivement soulagée.

Les amies retournèrent ensuite vers l'entrée. En chemin, elles croisèrent Camille et Henrietta, sur Cléopâtre et Président. En les voyant, le poney poussa un petit hennissement joyeux. Mais Henrietta resserra aussitôt ses rênes et s'éloigna d'un air hautain.

Sacha pouffa : « Visiblement, elle n'a pas envie d'être aperçue avec nous !

– P'têt ben qu'elle est vexée pa'sse qu'elle a bu

son potage froid ! » rigola Zoé, en faisant exprès de mal parler.

Mais Manon fronça les sourcils.

« Ça me fait de la peine pour leur poney. Ils n'ont jamais le droit de s'amuser avec les autres. »

Juliette aperçut une des hôtesses secouer un petit drapeau, au loin.

« Ce n'est pas le moment de se préoccuper d'Henrietta ! La course va bientôt commencer, faut se bouger ! »

Tous les participants se réunirent à côté de la tente de l'accueil et les organisateurs tendirent un petit bout de papier plié en quatre à chaque équipe. C'était leur premier indice. L'arbitre expliqua les règles du jeu.

« Une fois que vous aurez trouvé la réponse de votre premier indice, allez à l'endroit où vous pensez que le trésor est caché. Si vous avez deviné juste, vous y trouverez un panier rempli de cocardes de la même couleur. Prenez-en une : vous trouverez l'indice suivant au dos.

Il y a six couleurs de cocardes en tout : rouge, bleu, rose, jaune, vert et violet. La première équipe à revenir vers la tente avec six cocardes de couleurs différentes sera la gagnante. Bonne chance à tous, et soyez prudents ! »

Chacune des 22 équipes qui participaient à la chasse au trésor avait reçu un indice différent, afin que tout le monde ne se rue pas en même temps au même endroit. Juliette et Manon foncèrent dans une direction, Sacha et Marie s'élancèrent au petit trot de l'autre côté. Seules Zoé et Clara restèrent sur place, l'air perplexe, penchées sur leur indice.

« Les petites créatures aiment danser à cet endroit », lut Clara d'une voix lente.

Zoé fronça ses sourcils bruns et une ride se creusa entre ses deux yeux.

« Des petites créatures ?! Euh... ce doit être des lutins ou des farfadets.

– Ou des fées ! » s'écria Clara.

Zoé lui plaqua aussitôt la main sur la bouche.

« Chut ! Il ne faut pas donner la réponse aux autres ! »

Les yeux de Clara pétillèrent malicieusement et elle hocha la tête.

« Tu as raison, j'avais oublié ! S'il s'agit de l'endroit où les fées aiment danser, alors ce doit sûrement être un cercle magique... »

Zoé rassembla ses rênes.

« Très bien, alors essayons d'en trouver un ! »

Tandis que Clara lui emboîtait le pas sur Caramel, dont les naseaux doux comme le velours frémissaient d'excitation, Zoé prit son élan.

« Ne fais pas attention à moi ! »

Puis elle se mit en devoir de sauter tous les obstacles qu'elle rencontrait sur son chemin.

Clara contemplait Chipie tandis que la ponette s'élançait au-dessus des bottes de foin, d'une foulée impeccable. Après une réception parfaite, Zoé la dirigea vers un large fossé qu'elle franchit sans peine. Clara eut alors peur de se faire semer. Elle pressa ses talons sur les flancs de Caramel et le petit gallois accéléra aussitôt. Du trot, il passa progressivement au galop et rattrapa Zoé, qui s'était arrêtée un peu plus loin. La fillette se pencha sur sa selle et chuchota dans l'oreille de Clara : « J'ai trouvé le cercle magique ! »

Clara sourit d'un air complice.

« Ça n'a pas été long. Comment as-tu fait ?

– Je n'ai rien fait du tout, répondit Zoé. C'est Chipie qui m'a menée droit dessus ! »

Clara suivit Zoé au trot. Celle-ci la conduisit vers une petite clairière. Du haut de leur poney, les deux fillettes avaient une vue plongeante sur l'herbe de la clairière où se dessinait nettement un cercle de champignons.

« Tu es un génie ! » gloussa Clara, à l'attention de Chipie.

Zoé pouffa elle aussi, puis regarda autour d'elle.

« Je me demande où les organisateurs ont caché les cocardes ! »

Clara désigna les buissons touffus qui poussaient, autour de la clairière.

« Sans doute derrière un de ces buissons. »

Elle avait deviné juste : les deux amies découvrirent une corbeille de cocardes roses derrière un buisson d'aubépines. Tandis que Zoé accrochait sa cocarde à la bride de Chipie, Clara lut à haute voix l'indice suivant, inscrit au dos de la sienne :

« Après la fourche, cinq barres vous couperont le passage vers Le Petit Mesnil.

– Je ne sais pas du tout où se trouve le village du Petit Mesnil ! dit Zoé en fronçant les sourcils.

– On ne va pas tarder à le savoir ! », répondit Clara, en sortant de sa poche la carte du parcours.

Soudain, un fracas de sabots se rapprochant au galop se fit entendre. Effrayés par le bruit, Chipie et Caramel se mirent à tirer sur leurs rênes et la carte glissa des mains des fillettes. Elle s'envola dans le chemin juste au moment où deux cavalières y passaient à bride abattue.

« Henrietta ! souffla Zoé.

– Et Camille ! » s'écria Clara.

La course folle de Président et de Cléopâtre mit Chipie dans tous ses états. Elle fit un écart et aurait sans doute démarré en trombe à leur suite si Zoé ne l'avait retenue d'une poigne de fer, rênes raccourcies au maximum.

« Doucement, ma mignonne... Il n'y a pas de raison de s'emballer ! » dit-elle d'une voix ferme.

Henrietta et Camille venaient d'arrêter leur poney. Elles s'écrièrent : « On a trouvé le cercle magique ! »

C'est alors qu'une hôtesse, visiblement contrariée, s'approcha à grands pas.

« Mesdemoiselles, je vous rappelle qu'il est interdit de galoper si vite sur le parcours.

Vous effrayez les autres poneys et faites courir un danger inutile aux autres candidats ! »

Camille leva son long nez vers le ciel d'un air dédaigneux et lui répondit : « Nous ne sommes quand même pas obligées de traîner comme de vulgaires débutantes ! »

Le visage de l'hôtesse vira à l'écarlate.

« Une chasse au trésor n'est pas une épreuve de vitesse, mesdemoiselles. Je vais devoir signaler votre attitude au juge, dit-elle en notant sur son calepin les numéros inscrits sur les brassards accrochés dans le dos de Camille et d'Henrietta.

– T'en fais pas ! » dit Henrietta à Camille. Et, très sûre d'elle, elle demanda à l'hôtesse : « Au fait, où sont nos cocardes ? »

L'hôtesse lui lança un regard glacial.

« Vous pouvez les chercher vous-mêmes, comme le font les autres joueurs. »

Puis, elle tourna le dos à ces deux malpolies et s'éloigna à grands pas.

Chapitre 6

En sortant de la clairière, Zoé et Clara se retrouvèrent nez à nez avec Manon et Juliette qui s'apprêtaient à y entrer. Juliette remarqua immédiatement les cocardes roses de Chipie et de Caramel.

« Bravo ! Vous en avez déjà trouvé une ! »

Manon resserra ses rênes, puis annonça :

« Nous cherchons le cercle magique.

– Vous n'aurez pas besoin de chercher bien loin ! » répondit Zoé en faisant un clin d'œil. Puis elle tourna la tête et fixa avec insistance le buisson d'aubépines.

« Mais surtout, faites attention à Camille et Henrietta, ajouta Clara. Elles foncent comme des dingues. De vrais dangers publics !

– On prendra nos précautions, la rassura Juliette en s'éloignant aux côtés de Manon.

– Bonne chance à vous ! »

De leur côté, Sacha et Marie n'étaient pas bien avancées. Pour tout dire, elles étaient coincées. Elles avaient beau lire et relire le texte de leur indice, impossible de trouver la solution ! Tenant le bout de papier entre ses deux mains, Sacha le relut à voix haute pour la énième fois :

« Un fruit à coque toxique pour les poneys...

– Le fruit du cytise est empoisonné, mais il n'a pas de coque ! remarqua Marie.

– Ce doit être une sorte de noix qui pousse dans un arbre des environs », conclut Sacha.

Les deux fillettes se mirent à trotter côte à côte sur le chemin. Sacha continuait à pérorer : « Ce ne peut pas être un marron car je ne vois pas de marronnier dans les environs. Ça ne peut pas non plus être une noix de cajou ou une noix de pécan, car ces arbres ne poussent pas dans notre région... »

Soudain, Marie l'interrompit en la saisissant par le bras : « Attention !!! » Elle eut à peine le temps de la pousser sur le côté que déjà Camille et

Henrietta les dépassèrent en flèche, lancées au grand galop sur le chemin. Aladin accéléra et tenta de galoper à leur suite mais Marie, qui avait déjà resserré ses rênes, parvint à le stopper. Ce ne fut pas le cas de Sacha : prise au dépourvu, elle tenta bien de rassembler ses rênes. Mais trop tard : Apache s'ébroua, puis fila à vive allure derrière Cléopâtre et Président.

« Au secours ! » hurla Sacha tandis qu'Apache accélérait, rapide comme l'éclair.

Pendant ce temps, non loin de là, Zoé et Clara trottaient le long d'un petit chemin, au pied de la colline. Elles arrivèrent à un croisement : devant elles, la route se séparait en deux. Un panneau indiquait clairement la direction du Petit Mesnil. Clara relut le texte de l'indice :

« Après la fourche, cinq barres vous couperont le passage vers Le Petit Mesnil.

– Le panneau indique la droite. Allons dans cette direction, on verra bien ce que l'on trouve » lança Zoé.

Les deux fillettes bifurquèrent vers la droite. À peine eurent-elles fait quelques pas, qu'elles aperçurent un portail.

« C'est un portail à cinq barres ! s'écria Zoé.

– Cinq barres vous couperont le passage... on y est ! »

Elles trouvèrent une boîte de cocardes vertes derrière le talus à côté du portail. Elles s'apprêtaient à lire ce qui était écrit au dos de leur cocarde quand elles entendirent un cri.

Levant les yeux, elles virent Henrietta et Camille galoper droit vers elles, suivies par Sacha qui s'accrochait désespérément à la crinière d'Apache pour ne pas tomber.

« Au secours !!! »

Zoé fit aussitôt volte-face et galopa vers Sacha, dont le visage était devenu blanc comme un linge.

« Tiens bon ! »

Puis elle se pencha au-dessus de sa selle et attrapa les rênes d'Apache. Elle tira de toutes ses forces... Apache freina et s'arrêta d'un seul coup.

Encore sous le choc, Sacha se laissa glisser de sa selle et s'effondra sur le sol, en larmes.

« J'ai cru mourir ! » dit-elle entre deux sanglots.

Clara les rejoignit alors que Zoé aidait Sacha à se remettre sur pied et essuyait la boue qui salissait sa culotte d'écuyère et son visage. Camille, qui les observait d'un peu plus loin, demanda, embarrassée : « Elle ne s'est pas fait mal, au moins ? »

Zoé lui lança un regard mauvais.

« Non, elle va bien. Mais pas grâce à vous, bande d'idiotes ! »

Henrietta, quant à elle, ne leur jeta pas même un regard. Elle avait déjà trouvé les cocardes vertes et était impatiente de repartir.

« Tu te dépêches, Mimille ? On n'a pas l'éternité devant nous !

– Quelle petite peste ! Je ne peux pas la supporter ! » dit Zoé entre ses dents.

Lorsque Sacha eut repris ses esprits, elle vit les cocardes roses et vertes de ses deux amies.

« Vous vous débrouillez bien, on dirait. Vous feriez mieux d'y aller. Je suis en train de vous faire perdre un temps précieux ! »

Mais Zoé refusa catégoriquement : « Nous restons avec toi. »

Par chance, Marie apparut au même instant.

« Comment vas-tu ? » demanda-t-elle aussitôt à sa coéquipière.

Sacha fit un petit sourire et hocha la tête :

« Ça va. Mais j'avoue que je donnerai cher pour échanger Apache contre un âne bien paisible !

– Pour nous, cette chasse au trésor est en train de virer au cauchemar. Nous sommes coincées dès le premier indice et, en plus, Apache ne trouve rien de mieux que de s'emballer ! soupira Marie.

– C'est quoi, votre indice ? demanda Clara.

– Un fruit à coque toxique pour les poneys. »

Clara connaissait la réponse ! Elle chuchota à l'oreille de Sacha :

« Les glands du chêne !

– Mais c'est évident ! Bon... maintenant il ne nous reste plus qu'à trouver un chêne ! »

Alors que Sacha et Marie reprenaient leur route, Zoé et Clara se penchèrent sur leur nouvel indice.

« Le dromadaire en a une et moi aussi. Pfff... je ne vois pas ce que ça peut être ! »

Zoé déplia sa carte, qui dégoulinait de boue depuis qu'elle était tombée par terre.

« La carte va peut-être nous aider.

– Je ne suis pas très douée pour lire les cartes.

– Ne t'inquiète pas. C'est facile. Tu vois : là, c'est le symbole qui représente une église. Et là, un pont.

– Ah d'accord... Je comprends...

– Ça y est ! Je sais ! claironna alors Zoé. Le pont ! Regarde : c'est un pont en dos d'âne. Il a une forme de bosse, comme le dromadaire ! Tu sais... j'ai l'impression qu'on va la gagner, cette chasse au trésor !

– Tu devrais garder les pieds sur terre, Zoé. On n'a pas encore trouvé la cocarde. »

En remontant la colline, les deux fillettes croisèrent à nouveau Juliette et Manon qui, elles, la descendaient. Juliette montra fièrement les deux cocardes sur les brides de leurs poneys.

« Attention, on est en train de vous rattraper !

– Dans tes rêves ! » répliqua Zoé.

Elles n'eurent aucun mal à s'orienter vers le pont, car elles l'avaient déjà traversé au cours de leurs randonnées à poney avec Lola.

« Henrietta et Camille doivent elles aussi savoir où il se trouve », remarqua Clara. Elles passèrent à travers une ouverture entre deux buissons et s'engagèrent sur une petite route étroite.

Bientôt, elles entendirent à nouveau le vacarme de sabots martelant la route au devant d'elles.

« Oh ! Nooon ! grogna Zoé. Les voici déjà de retour... Elles sont passées au pont avant nous ! J'ai vraiment envie de les battre pour voir disparaître ce petit sourire prétentieux de leur figure ! »

Camille et Henrietta ne tardèrent pas à jaillir au bout du chemin, trois cocardes flottant à la bride de leur poney : une rose, une verte ainsi qu'une bleue. Elles dépassèrent les deux amies, qui s'étaient garées sur le bord, et bifurquèrent vers le champ en faisant gicler la boue sous leurs sabots.

L'arrière-train de Chipie et de Caramel en fut tout éclaboussé : les deux poneys firent un écart et s'ébrouèrent vigoureusement.

« Sales petites égoïstes ! » cria Zoé à l'adresse des deux écervelées.

Zoé et Clara parvinrent finalement au pont et trouvèrent la boîte de cocardes. Zoé lut l'indice suivant.

« C'est l'énigme du fruit à coque que Sacha et Marie n'arrivaient pas à résoudre !

– Facile ! s'esclaffa Clara. L'indice suivant se trouve au pied d'un chêne !

– Oui… Mais quel chêne ? »

Lorsque Zoé et Clara découvrirent finalement le bon chêne - une corbeille remplie de cocardes rouges était dissimulée entre ses branches basses - elles tombèrent sur Camille et Henrietta qui étaient en train de se faire réprimander par une hôtesse, visiblement très énervée.

« Vous avez failli me piétiner tellement vous êtes arrivées vite ! » leur criait-elle.

Henrietta leva les yeux au ciel, puis elle répondit d'une voix pleine de dédain :

« C'est de votre faute ! Vous avez bondi au milieu du chemin sans prévenir !

– J'étais en train d'inspecter le parcours pour vérifier que personne n'outrepasse les règles. Et c'est justement ce que vous faites en galopant à toute vitesse. »

Les deux bêcheuses tournèrent les talons sans même s'excuser et s'éloignèrent au petit trot. Mais l'hôtesse eut le temps de noter les numéros de leur brassards sur un bout de papier. De son côté, Clara compta leurs cocardes :

« Elles en ont quatre, exactement comme nous.

– Alors essayons de prendre l'avantage sur le prochain indice, répondit Zoé. Je serais vraiment embêtée si elles gagnaient le trésor. »

Elles se dépêchèrent de lire l'indice suivant, qui était inscrit au dos de leur cocarde rouge.

« Le ruisseau du moulin renferme de nombreux secrets », lut Clara à voix haute.

– Je ne savais pas qu'il y avait un moulin dans le coin, reprit Zoé en sortant sa carte.

– Maman et moi, on va parfois promener notre chien autour d'un vieux bâtiment en ruine, à 1 km d'ici environ. Je ne sais pas si c'est un moulin, mais il y a un ruisseau qui court à côté », ajouta Clara.

Le visage de Zoé s'éclaira :

« Si tu n'existais pas, il faudrait t'inventer Clara ! Je suis vraiment contente d'être ta coéquipière. Allons faire un petit tour vers cette ruine ! »

Elles trouvèrent le bâtiment au milieu d'une clairière traversée par une rivière. Les fillettes sautèrent de selle et attachèrent Chipie et Caramel à une barrière de bois qui se dressait à côté. Clara contempla les ruines et poussa un soupir :
« Elles ont l'air tellement tristes et abandonnées ! »

Mais Zoé était déjà en train de chercher des indices : « Allez, Clara, au travail ! Nous devons vérifier que ce sont vraiment les ruines d'un moulin, sinon nous perdons notre temps ici ! »

Le bruit de poneys à l'approche les interrompit. Elles sursautèrent en voyant débouler Henrietta et Camille, qui galopaient ventre à terre. Leur arrivée fracassante effraya les poneys : si le paisible petit Caramel prit juste un air apeuré, Chipie tira sur ses rênes qui se détachèrent. La ponette prit alors la poudre d'escampette ! Zoé ne put en supporter davantage. Elle se mit à courir après Henriette et Camille en hurlant :

« Espèces d'idiotes ! Vous ne voyez pas que vous faites peur aux poneys ! »

Henrietta et Camille éclatèrent de rire et s'éloignèrent au galop le long de la rivière.

Zoé courut à la recherche de Chipie. Elle revint avec elle, cinq minutes plus tard.

« Elle est dans tous ses états, la pauvre, confia-t-elle à Clara. J'ai envie de les étriper, ces deux pimbêches ! »

Chipie ne cessait de souffler et de s'agiter tandis que Zoé tentait de l'apaiser en caressant doucement ses flancs haletants.

Clara tendit la paume de sa main ; elle y avait posé un bonbon à la menthe, que Chipie croqua avec gourmandise. Zoé l'attacha à nouveau à la barrière, et les filles purent enfin reprendre leurs recherches.

« Qu'est-ce que c'est que ça ? demanda Zoé en désignant une grosse pierre ronde qui reposait au milieu du lit de la rivière.

– Je pense que c'est une meule pour broyer la farine ! sourit malicieusement Clara.

– Cela veut dire que nous sommes au bon endroit ! » s'écria Zoé en tapant dans ses mains.

Les deux amies longèrent la rivière qui allait se jeter un peu plus loin dans un bassin de retenue. Il avait l'air assez profond et était entouré d'un sentier boueux et glissant.

« Tu vas de ce côté, moi je vais de l'autre. »

Les deux fillettes se mirent à faire le tour du bassin le long du sentier à la recherche des cocardes. Clara fut la première à les repérer.

« Zoé, regarde ! » appela-t-elle en pointant le

doigt vers une brassée de rubans jaune vif attachés aux branches d'un buisson. Zoé poussa un petit cri excité et se mit à courir le long du sentier. Mais au moment où elle allait atteindre les cocardes, elle aperçut Henrietta debout devant elle avec un sourire narquois :

« Je savais bien que vous me mèneriez droit vers le trésor !

– Espèce de fourbe ! Tu nous as espionnées ! »

Henrietta tenta de saisir une des cocardes jaunes, mais Zoé s'empara de toute la brassée.

« Tu n'es qu'une tricheuse ! »

Un air méchant se peignit sur le visage d'Henrietta et elle se précipita vers Zoé.

« Tu cherches la bagarre ? Eh bien, tu l'auras ! »

Mais tandis que les deux filles luttaient, Clara entendit une sorte de gémissement. Elle rampa jusqu'au bord du talus et lança un cri perçant.

Masquée par le talus, une petite boîte en carton était en train de couler rapidement dans l'eau froide du bassin. À l'intérieur,

deux minuscules chiots pleuraient et couinaient. L'eau montait dans la boîte de plus en plus vite. Clara tendit le bras et effleura la boîte, mais ne parvint pas à l'attraper.

« Au secours ! hurla-t-elle. Vite, aidez-moi ! »

Zoé lâcha les cocardes et courut vers son amie.

« Attention, Clara ! Tu risques de glisser !

– Vite, attrape mes jambes ! »

Zoé s'empara des jambes de Clara, mais elle avait très peur de ne pas être assez forte pour la retenir toute seule. Elle se tourna vers Henrietta :

« S'il te plaît, j'ai besoin d'aide ! »

Henrietta fit non de la tête en éclatant d'un rire mauvais. Puis elle se baissa et ramassa deux cocardes jaunes dans la boue du sentier.

« Pas question que je t'aide ! Des chiots bâtards comme ceux-là, j'ai déjà vu mon père en noyer plein. C'est tout le sort qu'ils méritent ! »

Puis elle s'éloigna sur le sentier, en levant triomphalement les cocardes à bout de bras.

« Ha ! Maintenant, c'est nous qui tenons l'avantage. On va gagner ! »

Mais Zoé ne l'écoutait déjà plus. Elle observait Clara qui avait réussi à attraper les chiots juste au moment où la boîte en carton disparaissait sous l'eau. Ils étaient si petits que leurs yeux n'étaient pas encore ouverts.

« Quelqu'un a dû les abandonner.

– Il y a vraiment des gens capables de faire des choses aussi horribles ? s'étonna Clara.

– Mmmh, et je crois savoir quel genre de personne ! » répondit Zoé, en laissant flotter son regard dans la direction où Henrietta était partie.

Les chiots se mirent soudain à trembler de tous leurs membres.

« Ils sont trempés jusqu'aux os ! » s'écria Clara, en les fourrant sous la laine douce et chaude de sa veste. La pluie, qui menaçait depuis quelques heures, se mit à tomber.

Zoé et Clara se hâtèrent de rejoindre le moulin en ruine, où elles découvrirent Manon, Juliette, Marie et Sacha à la recherche d'indices. Les quatre fillettes poussèrent des cris de joie lorsque Clara déboutonna sa veste et leur montra les deux chiots qui se blottissaient contre sa poitrine.

« Où les as-tu trouvés ? s'étonna Manon.

– Quelqu'un a essayé de les noyer dans le bassin, expliqua Clara.

– C'est trop cruel ! reprit Juliette. Qu'est-ce qu'on va faire d'eux ?

– On ferait mieux de les ramener au chaud au haras, fit Zoé.

– Non, pas vous ! Vous n'avez plus qu'un indice à trouver – vous pouvez encore gagner. Je propose que ce soit plutôt Sacha et moi qui nous occupions des chiots, dit Marie.

– Ouais ! De toute façon, on est vraiment pas douées pour la chasse au trésor. Ça ne sert à rien qu'on reste. On ne réussira jamais à gagner, même si on avait un million d'années devant nous ! »

Clara et Zoé échangèrent un regard et secouèrent la tête, en signe de refus.

« Je préfère rester avec les chiots », expliqua Clara en les remettant au chaud sous sa veste.

– Moi non plus, je ne peux pas continuer. De toute façon, même si je reste, je vais me faire du souci pour eux et je n'arriverai pas à me concentrer ! acquiesça Zoé.

– Retournons toutes ensemble au haras, alors !

– Pas question ! s'écria Zoé. Vous avez quatre cocardes. Vous êtes tout près du but ! Une de nos équipes doit rester et essayer de battre Camille et Henrietta. »

Clara tendit le doigt vers la brassée de cocardes jaunes.

« Avec celle-ci, cela vous fera cinq cocardes, ajouta-t-elle.

– C'est vrai ! Vous pouvez encore gagner ! s'écria Sacha, en clignant de l'œil.

– Il va falloir mettre le turbo... Henrietta a pris un peu d'avance », constata Manon.

Et elles partirent vers le sentier comme deux fusées, sous les hourras de leurs camarades.

Chapitre 7

De retour au haras, Clara, Zoé, Sacha et Marie s'occupèrent d'abord de leur poney : elles les conduisirent au chaud dans leur box, les débarrassèrent de leur sangle, leur selle et leur mors et les séchèrent en les tamponnant avec des brassées de paille. Clara avait déposé sa veste dans un seau et avait étendu les chiots dessus, bien au sec.

Mais ils ne tardèrent pas à gémir à nouveau.

« J'aimerais tellement qu'on puisse les nourrir, dit Zoé. Mais je ne sais pas ce qu'il faut leur donner à manger ! »

Clara les prit à nouveau dans ses bras, en les embrassant sur leur petite truffe rose.

« Ils ne sont sûrement pas sevrés. Ils ont encore besoin du lait de leur maman, soupira-t-elle. On devrait peut-être appeler la SPA ou demander à un vétérinaire... »

Zoé se gratta la tête, pensive :

« Si seulement Lola était avec nous, elle saurait quoi faire, elle ! »

Au même instant, le crissement des pneus de la vieille Jeep de Lola pénétrant dans la cour se fit entendre. Les deux fillettes échangèrent un sourire et le visage de Clara s'illumina :

« Elle est de retour ! Juste à temps ! » s'écria-t-elle et, serrant les chiots contre sa poitrine, elle courut à sa rencontre.

Lola fut très émue lorsque les deux fillettes lui racontèrent où et comment elles avaient trouvé les chiots. Elle les examina immédiatement et annonça que l'un était un petit mâle et l'autre une petite femelle, et qu'ils n'avaient rien de cassé.

Il fallait juste leur mettre rapidement quelque chose dans l'estomac ! Elle fit alors bouillir du lait, puis le laissa tiédir tandis qu'elle stérilisait deux biberons qu'elle utilisait d'habitude pour faire avaler leurs médicaments aux chevaux. Elle versa le lait dans les biberons et se saisit du chiot mâle, laissant à Clara le soin de pouponner la petite femelle.

« Regarde : verse d'abord une goutte de lait dans sa bouche, comme moi. Puis, essaye de lui faire accepter la tétine... »

Les chiots étaient si affamés qu'ils se jetèrent sur les tétines et vidèrent les biberons en un temps record !

« Ça suffit pour l'instant, déclara Lola. Si on leur en donne davantage, ils risquent de tout vomir. »

Clara et Lola couchèrent les chiots dans un petit panier et les recouvrirent d'une couverture. Ils s'endormirent aussitôt, leurs petits corps serrés l'un contre l'autre. Clara les observait, les yeux remplis de larmes.

« J'ai réfléchi, lança Lola, et je me suis dit que je pourrai tout à fait les garder au haras. On s'occuperait d'eux toutes ensemble !

– Ouais... et même les entraîner à mordre M. Reece-Thomas ! » chuchota Zoé en rigolant.

Les amies avaient très envie d'exprimer leur joie en criant mais elles se retinrent pour ne pas réveiller les chiots endormis. À la place, elles se pendirent au cou de Lola et chuchotèrent :

« Merci, mille fois merci !!! »

Un peu plus tard, alors que les filles étaient en train de donner du porridge à leur poney, Manon et Juliette entrèrent dans la cour.

« On a gagné ! On a gagné ! » scandèrent-elles à la cantonade, en brandissant une coupe.

Zoé, Clara, Marie et Sacha accoururent, les yeux écarquillés devant le trophée et les six cocardes accrochées aux brides de Rose et de Stella.

Zoé ouvrit la bouche, le souffle coupé, et battit des mains.

« P...p... pas possible ! balbutia-t-elle en retrouvant sa voix. Vous avez battu Henrietta et Camille ! C'est génial ! »

Manon éclata de rire, la tête penchée en arrière, et expliqua :

« C'est leur comportement qui les a rattrapées. Elles sont arrivées en premier, mais les hôtesses se sont plaintes au juge et elles ont été disqualifiées. »

Attirée par le brouhaha, Lola sortit de son bureau en hâte. Elle les félicita de leur victoire, mais se rembrunit en apprenant ce qui était arrivé à Camille et Henrietta.

« J'ai dû quitter Caldecot avant la fin de la course, mais j'avais déjà entendu certaines hôtesses se plaindre de leur attitude. Elles font honte à mon établissement ! Elles auraient pu vraiment provoquer un accident. En plus, le sol était très glissant aujourd'hui ! »

La nuit commençait à tomber lorsque Camille et Henrietta regagnèrent le haras, au petit trot. Elles étaient trempées par la pluie, et leurs poneys étaient couverts de boue. Lola les attendait au milieu de la cour, les mains sur les hanches, l'air très en colère.

« Votre comportement durant cette chasse au trésor a tout simplement été outrageux ! »

Dans la sellerie, Zoé, Clara, Manon, Juliette, Sacha et Marie se regardèrent, les yeux ronds. Elles seraient mortes sur place si Lola leur avait parlé sur un ton aussi glacial ! Mais Henrietta, elle, ne sembla pas troublée le moins du monde.

« Je ne vois pas de quoi vous parlez, répondit-elle de sa voix la plus arrogante.

– Tu es sûre ? Vous avez passé votre temps à galoper ventre à terre, à effrayer tous les poneys que vous croisiez, à mettre en danger les autres candidats et à être grossières !

– On essayait juste d'aller vite. C'était une compétition, il me semble !

– En effet, et je suis bien contente que vous ne l'ayez pas remportée ! reprit Lola. Laissez-moi juste vous prévenir : si vous recommencez à vous conduire de cette façon, je vous demanderai de quitter mon établissement. Est-ce bien clair ? Maintenant, je suggère que vous reconduisiez vos poneys dans leurs boxes et que vous leur donniez un bon pansage et un bon repas ! »

Puis elle tourna les talons, sans ajouter un mot.

Henrietta et Camille menèrent Président et Cléopâtre jusque dans leur box puis s'en déchargèrent sur Zoé et Clara puis appelèrent leurs parents sur leur portable pour qu'ils les ramènent à la maison.

« Espèces de petites fifilles à papa à la noix ! » marmonna Zoé.

Clara, qui était occupée à mélanger du porridge chaud pour Président et Cléopâtre, leva la tête et sourit d'un air mélancolique :

« Quand même... je me sens triste pour ces filles. Elles ratent tous les petits moments tendres qu'on passe avec les poneys, comme quand on leur donne à manger ou qu'on les prépare pour la nuit. »

Au même moment, Président pencha sa jolie tête au-dessus de la porte de son box et poussa un hennissement impatient.

Clara se dépêcha de le rejoindre. Elle ouvrit la porte, un seau de porridge à la main :

« Oui, mon joli, voilà ton dîner qui arrive. Tu vas te régaler ! »

Les filles s'apprêtaient à repartir chez elles quand Lola les appela dans sa cuisine. Près du fourneau qui ronflait, les petits chiots dormaient à poings fermés dans leur panier.

« Je viens de leur donner une seconde tétée.

– Est-ce que tu leur as donné un nom ? demanda-t-elle en les caressant.

– Ce sont Zoé et Clara qui les ont sauvés. Donc c'est à elles que revient l'honneur de les baptiser. »

Clara et Zoé s'échangèrent un regard.

« Que diriez-vous de Victoire et de Trésor ? » suggéra Clara.

Zoé hocha la tête et dit dans un éclat de rire :

« Clara et moi, nous n'avons peut-être pas gagné, mais les deux trésors qu'on a trouvés valent bien tous les trophées ! »

FIN

Tendre Poney
Vol. 2
La chasse au trésor
La chasse au trésor
Tendre Poney
Vol. 1
Vive la mariée !
Vive la mariée !
Toucan jeunesse